기억의 힘으로 뇌를 깨우다

읽고 따라쓰는 명작동요

기억의 힘으로 뇌를 깨우다
읽고 따라쓰는 명작동요

초판 1쇄 인쇄일 2024년 08월 12일
초판 1쇄 발행일 2024년 08월 12일

엮은이 | 서미경
펴낸이 | 장재수
기　획 | 김익현
마케팅 | 류철희
편　집 | 빅픽처

펴낸곳 | (주)화엄북스 / 피트웰
등록번호 | 제2023-983191호
판매처 | (주)화엄북스
주　소 | 경기도 일산동구 노첨길 56번길 63-9
전　화 | (031) 901-9755
팩　스 | (031) 901-9766
이메일 | fitwellbook@naver.com
제작처 | (주)성일다이어리

ISBN 979-11-988675-0-6 13710
정가 12,000원

기억의 힘으로 뇌를 깨우다!

읽고 따라 쓰는 명작동요

서미경 엮음

fitwell
시니어헬스케어 · 피트웰

머리말

책 읽기의 단순한 행위가 우리의 뇌 활동에 많은 긍정적 영향을 미칩니다.

텍스트를 인식하고 이해하며 뇌의 여러 단계를 거쳐 정보를 처리하고 뇌로 전달하며,

이 과정에서 전방, 측두, 후두 등 여러 부분의 뇌운동 활성화로 다양한 긍정적 영향을 미치며,

정서적 안정과 인지능력 향상, 사고력을 발전시킵니다.

빈칸 채워넣기, 따라쓰기, 숨은 그림찾기는 소근육 발달과 인지, 시지각 뇌기능을 활성화해

학습능력과 창의성을 자극함으로 우리의 뇌를 더욱 효과적으로 활용할 수 있게 됩니다.

아동에서 노인까지 꾸준히 읽기 쓰기를 반복 실행하는 것이 뇌건강을 지키며

우리의 삶을 활기차게 하는 가장 좋은 방법이 아닐까 생각합니다.

피트웰 편집부 일동

차례

이 책의 구성과 사용법

구슬비

1.
송알송알 싸리잎에 은구슬
조롱조롱 거미줄에 옥구슬
대롱대롱 풀잎마다 총총
방긋웃는 꽃잎마다 송송송

2.
고이고이 오색실에 꿰어서
달빛새는 창문가에 두라고
포슬포슬 구슬비는 종일
예쁜구슬 맺히면서 솔솔솔

8

1. 동요를 천천히 읽어보면서 흥겹게 노래합니다.

구슬비

송알송알 ☐☐☐ 에 ☐☐☐

조롱조롱 ☐☐☐ 에 ☐☐☐

대롱대롱 ☐☐ 마다 총총

방긋웃는 ☐☐ 마다 송송송

고이고이 ☐☐☐ 에 꿰어서

☐☐ 새는 창문가에 두라고

포슬포슬 ☐☐☐ 는 종일

예쁜 ☐☐ 맺히면서 솔솔솔

9

2. 네모 빈칸에 알맞는 단어를 채워넣습니다.

잘 보고 한 글자 한 글자 따라써봅니다.

송알송알 싸리잎에 은구슬

조롱조롱 거미줄에 옥구슬

대롱대롱 풀잎마다 총총

방긋웃는 꽃잎마다 송송송

고이고이 오색실에 꿰어서

달빛새는 창문가에 두라고

포슬포슬 구슬비는 종일

예쁜구슬 맺히면서 솔솔솔

10

3. 동요를 잘 보고 또박또박 따라써봅니다.

11

4. 주어진 10개의 숨겨진 그림을 찾아봅니다.

구슬비

1.

송알송알 싸리잎에 은구슬
조롱조롱 거미줄에 옥구슬
대롱대롱 풀잎마다 총총
방긋웃는 꽃잎마다 송송송

2.

고이고이 오색실에 꿰어서
달빛새는 창문가에 두라고
포슬포슬 구슬비는 종일
예쁜구슬 맺히면서 솔솔솔

구슬비

송알송알 ☐☐☐에 ☐☐☐

조롱조롱 ☐☐☐에 ☐☐☐

대롱대롱 ☐☐마다 총총

방긋웃는 ☐☐마다 송송송

고이고이 ☐☐☐에 꿰어서

☐☐새는 창문가에 두라고

포슬포슬 ☐☐☐는 종일

예쁜 ☐☐ 맺히면서 솔솔솔

잘 보고 한 글자 한 글자 따라써봅니다.

송알송알 싸리잎에 은구슬

조롱조롱 거미줄에 옥구슬

대롱대롱 풀잎마다 총총

방긋웃는 꽃잎마다 송송송

고이고이 오색실에 꿰어서

달빛새는 창문가에 두라고

포슬포슬 구슬비는 종일

예쁜구슬 맺히면서 솔솔솔

나뭇잎 배

1.

낮에 놀다 두고 온 나뭇잎 배는
엄마 곁에 누워도 생각이 나요
푸른 달과 흰 구름 둥실 떠 가는
연못에서 사알살 떠 다니겠지

2.

연못에다 띄워 논 나뭇잎 배는
엄마 곁에 누워도 생각이 나요
살랑 살랑 바람에 소근거리는
갈잎새를 혼자서 떠 다니겠지

나뭇잎 배

낮에 놀다 두고 온 ☐☐ 배는

☐☐ 곁에 누워도 ☐☐이 나요

푸른 ☐과 흰 ☐☐ 둥실 떠 가는

☐☐에서 사알살 떠 다니겠지

☐☐에다 띄워 논 나뭇잎 ☐는

☐☐ 곁에 누워도 생각이 나요

살랑 살랑 ☐☐에 소근거리는

☐☐☐를 혼자서 떠 다니겠지

잘 보고 한 글자 한 글자 따라써봅니다.

낮에 놀다 두고 온 나뭇잎 배는

엄마 곁에 누워도 생각이 나요

푸른 달과 흰 구름 둥실 떠 가는

연못에서 사알살 떠 다니겠지

연못에다 띄워 논 나뭇잎 배는

엄마 곁에 누워도 생각이 나요

살랑 살랑 바람에 소근거리는

갈잎새를 혼자서 떠 다니겠지

등대지기

1

얼어 붙은 달 그림자 물결 위에 차고
한 겨울의 거센 파도 모으는 작은 섬
생각하라 저 등대를 지키는 사람의
거룩하고 아름다운 사랑의 마음을

2

바람소리 울부짖는 어두운 바다에
깜박이며 지새이는 기나긴 밤하늘
생각하라 저 등대를 지키는 사람의
거룩하고 아름다운 사랑의 마음을

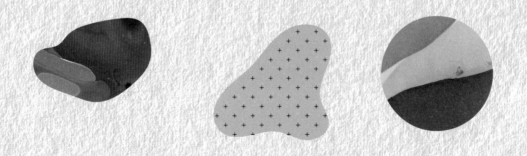

등대지기

얼어 붙은 달 ☐☐ 물결 위에 차고

한 겨울의 거센 ☐☐ 모으는 작은 ☐

생각하라 저 ☐☐를 지키는 사람의

거룩하고 아름다운 사랑의 ☐☐을

☐☐☐☐ 울부짖는 어두운 ☐☐에

깜박이며 지새이는 기나긴 ☐☐

생각하라 저 ☐☐를 지키는 사람의

거룩하고 아름다운 ☐☐의 마음을

잘 보고 한 글자 한 글자 따라써봅니다.

얼어 붙은 달 그림자 물결 위에 차고

한 겨울의 거센 파도 모으는 작은 섬

생각하라 저 등대를 지키는 사람의

거룩하고 아름다운 사랑의 마음을

바람소리 울부짖는 어두운 바다에

깜박이며 지새이는 기나긴 밤하늘

생각하라 저 등대를 지키는 사람의

거룩하고 아름다운 사랑의 마음을

엄마야 누나야

엄마야 누나야 강변 살자
뜰에는 반짝이는 금모래빛
뒷문 밖에는 갈잎의 노래
엄마야 누나야 강변 살자

엄마야 누나야

엄마야 누나야 ☐☐ 살자

☐에는 반짝이는 ☐☐☐빛

☐☐ 밖에는 ☐☐의 노래

☐☐야 ☐☐야 강변 살자

잘 보고 한 글자 한 글자 따라써봅니다.

엄마야 누나야 강변 살자

뜰에는 반짝이는 금모래빛

뒷문 밖에는 갈잎의 노래

엄마야 누나야 강변 살자

잘 보고 한 글자 한 글자 따라써봅니다.

반달

1.

푸른하늘 은하수 하얀 쪽배엔
계수나무 한나무 토끼 한마리
돛대도 아니달고 삿대도 없이
가기도 잘도 간다 서쪽 나라로

2.

은하수를 건너서 구름 나라로
구름 나라 지나선 어디로 가나
멀리서 반짝반짝 비치이는 건
샛별이 등대란다 길을 찾아라

반달

푸른하늘 ☐☐☐ 하얀 쪽배엔

계수나무 한나무 ☐☐ 한마리

☐☐도 아니달고 ☐☐도 없이

가기도 잘도 간다 ☐☐ 나라로

☐☐☐를 건너서 구름 나라로

☐☐ 나라 지나선 어디로 가나

멀리서 ☐☐☐☐ 비치이는 건

☐☐이 ☐☐란다 길을 찾아라

잘 보고 한 글자 한 글자 따라써봅니다.

푸른하늘 은하수 하얀 쪽배엔

계수나무 한나무 토끼 한마리

돛대도 아니달고 삿대도 없이

가기도 잘도 간다 서쪽 나라로

은하수를 건너서 구름 나라로

구름 나라 지나선 어디로 가나

멀리서 반짝반짝 비치이는 건

샛별이 등대란다 길을 찾아라

파란마음 하얀마음

1.

우리들 마음에 빛이 있다면
여름엔 여름엔 파랄 거에요
산도 들도 나무도 파란 잎으로
파랗게 파랗게 덮인 속에서
파아란 하늘보고 자라니까요

2.

우리들 마음에 빛이 있다면
겨울엔 겨울엔 하얄 거에요
산도 들도 지붕도 하얀 눈으로
하얗게 하얗게 덮인 속에서
깨끗한 마음으로 자라니까요

파란마음 하얀마음

우리들 □□에 □이 있다면

여름엔 □□엔 파랄 거에요

□도 □도 □□도 파란 잎으로

파랗게 파랗게 덮인 □에서

파아란 □□보고 자라니까요

우리들 □□에 □이 있다면

□□엔 겨울엔 하얄 거에요

□도 □도 □□도 하얀 눈으로

하얗게 하얗게 덮인 □에서

깨끗한 □□으로 자라니까요

잘 보고 한 글자 한 글자 따라써봅니다.

우리들 마음에 빛이 있다면

여름엔 여름엔 파랄 거에요

산도 들도 나무도 파란 잎으로

파랗게 파랗게 덮인 속에서

파아란 하늘보고 자라니까요

우리들 마음에 빛이 있다면

겨울엔 겨울엔 하얄 거에요

산도 들도 지붕도 하얀 눈으로

하얗게 하얗게 덮인 속에서

깨끗한 마음으로 자라니까요

올챙이와 개구리

개울가에 올챙이 한 마리
꼬물꼬물 헤엄치다
뒷다리가 쑥 앞다리가 쑥
팔딱팔딱 개구리 됐네
꼬물꼬물 꼬물꼬물
꼬물꼬물 올챙이가
뒷다리가 쑥 앞다리가 쑥
팔딱팔딱 개구리 됐네

올챙이와 개구리

개울가에 ☐☐☐ 한 마리

☐☐☐☐ 헤엄치다

뒷다리가 ☐ 앞다리가 ☐

팔딱팔딱 ☐☐☐ 됐네

꼬물꼬물 ☐☐☐☐

꼬물꼬물 ☐☐☐ 가

뒷다리가 ☐ 앞다리가 ☐

팔딱팔딱 ☐☐☐ 됐네

잘 보고 한 글자 한 글자 따라써봅니다.

개울가에 올챙이 한 마리

꼬물꼬물 헤엄치다

뒷다리가 쑥 앞다리가 쑥

팔딱팔딱 개구리 됐네

꼬물꼬물 꼬물꼬물

꼬물꼬물 올챙이가

뒷다리가 쑥 앞다리가 쑥

팔딱팔딱 개구리 됐네

꼬까신

1.
개나리 노란 꽃그늘아래
가지런히 놓여있는 꼬까신하나
아기는 사알짝 신 벗어 놓 – 고
맨발로 한들한들 나들이 갔나
가지런히 기다리는 꼬까신 하나

〈반복〉
개나리 노란 꽃그늘아래
가지런히 놓여있는 꼬까신하나
아기는 사알짝 신 벗어 놓 – 고
맨발로 한들한들 나들이 갔나
가지런히 기다리는 꼬까신 하나

꼬까신

개나리 노란 ☐☐☐아래

가지런히 놓여있는 ☐☐☐하나

아기는 사알짝 ☐ 벗어 놓 – 고

☐☐로 한들한들 ☐☐☐ 갔나

가지런히 기다리는 ☐☐☐ 하나

☐☐☐ 노란 꽃그늘아래

가지런히 놓여있는 ☐☐☐하나

☐☐는 사알짝 ☐ 벗어 놓 – 고

맨발로 한들한들 ☐☐☐ 갔나

가지런히 기다리는 ☐☐☐ 하나

잘 보고 한 글자 한 글자 따라써봅니다.

개나리 노란 꽃그늘아래

가지런히 놓여있는 꼬까신하나

아기는 사알짝 신 벗어 놓 - 고

맨발로 한들한들 나들이 갔나

가지런히 기다리는 꼬까신 하나

개나리 노란 꽃그늘아래

가지런히 놓여있는 꼬까신하나

아기는 사알짝 신 벗어 놓 - 고

맨발로 한들한들 나들이 갔나

가지런히 기다리는 꼬까신 하나

산바람 강바람

1.

산 위에서 부는 바람 서늘한 바람
그 바람은 좋은 바람 고마운 바람
여름에 나뭇꾼이 나무를 할 때
이마에 흐른 땀을 씻어준대요

2.

강가에서 부는 바람 시원한 바람
그 바람도 좋은 바람 고마운 바람
사공이 배를 젓다 잠이 들어도
저 혼자 나룻배를 저어 간대요

산바람 강바람

산바람 강바람

□ 위에서 부는 □□ 서늘한 □□

그 바람은 □□ 바람 □□□ 바람

여름에 □□□ 이 나무를 할 때

이마에 흐른 □ 을 씻어준대요

□□ 에서 부는 바람 시원한 바람

그 □□ 도 좋은 바람 고마운 바람

□□ 이 □ 를 젓다 잠이 들어도

저 혼자 □□□ 를 저어 간대요

잘 보고 한 글자 한 글자 따라써봅니다.

산 위에서 부는 바람 서늘한 바람

그 바람은 좋은 바람 고마운 바람

여름에 나뭇꾼이 나무를 할 때

이마에 흐른 땀을 씻어준대요

강가에서 부는 바람 시원한 바람

그 바람도 좋은 바람 고마운 바람

사공이 배를 젓다 잠이 들어도

저 혼자 나룻배를 저어 간대요

잘 보고 한 글자 한 글자 따라써봅니다.

꽃밭에서

1.

아빠하고 나하고 만든 꽃밭에
채송화도 봉숭아도 한창입니다
아빠가 매어 놓은 새끼줄 따라
나팔꽃도 어울리게 피었습니다

2.

애들하고 재밌게 뛰어 놀다가
아빠 생각 나서 꽃을 봅니다
아빠는 꽃 보며 살자 그랬죠
날 보고 꽃 같이 살자 그랬죠

꽃밭에서

꽃밭에서

☐☐ 하고 나하고 만든 ☐☐ 에

☐☐☐ 도 ☐☐☐ 도 한창입니다

아빠가 매어 놓은 ☐☐☐ 따라

☐☐☐ 도 어울리게 피었습니다

☐☐ 하고 재밌게 뛰어 놀다가

☐☐ 생각 나서 ☐ 을 봅니다

☐☐ 는 ☐ 보며 살자 그랬죠

☐ 보고 ☐ 같이 살자 그랬죠

꽃밭에서

잘 보고 한 글자 한 글자 따라써봅니다.

아빠하고 나하고 만든 꽃밭에

채송화도 봉숭아도 한창입니다

아빠가 매어 놓은 새끼줄 따라

나팔꽃도 어울리게 피었습니다

애들하고 재밌게 뛰어 놀다가

아빠 생각 나서 꽃을 봅니다

아빠는 꽃 보며 살자 그랬죠

날 보고 꽃 같이 살자 그랬죠

산넘어 남촌에는

산 너머 남촌에는 누가 살길래
해마다 봄바람이 남으로 오네
꽃피는 사월이면 진달래 향기
밀 익는 오월이면 보리 내음새
어느 것 한 가진들 실어 안 오리
남촌서 남풍 불 제 나는 좋데나

산넘어 남촌에는

산 너머 ☐☐에는 누가 살길래

해마다 ☐☐☐이 남으로 오네

꽃피는 ☐☐이면 ☐☐☐ 향기

☐ 익는 ☐☐이면 ☐☐ 내음새

어느 것 한 가진들 실어 안 오리

☐☐서 ☐☐ 불 제 나는 좋데나

잘 보고 한 글자 한 글자 따라써봅니다.

산 너머 남촌에는 누가 살길래

해마다 봄바람이 남으로 오네

꽃피는 사월이면 진달래 향기

밀 익는 오월이면 보리 내음새

어느 것 한 가진들 실어 안 오리

남촌서 남풍 불 제 나는 좋데나

봉선화

1.
울밑에 선 봉선화야 네 모양이 처량하다
길고 긴 날 여름철에 아름답게 꽃필 적에
어여쁘신 아가씨들 너를 반겨 놀았도다

2.
어언간에 여름 가고 가을바람 솔솔 불어
아름다운 꽃송이를 모질게도 침노하니
낙화로다 늙어졌다 네 모양이 처량하다

봉선화

울밑에 선 ☐☐☐ 야 네 ☐☐ 이 처량하다

길고 긴 날 ☐☐☐ 에 아름답게 꽃필 적에

어여쁘신 ☐☐☐ 들 너를 반겨 놀았도다

어언간에 ☐☐ 가고 가을바람 솔솔 불어

아름다운 ☐☐☐ 를 모질게도 침노하니

☐☐ 로다 늙어졌다 네 ☐☐ 이 처량하다

잘 보고 한 글자 한 글자 따라써봅니다.

울밑에 선 봉선화야 네 모양이 처량하다

길고 긴 날 여름철에 아름답게 꽃필 적에

어여쁘신 아가씨들 너를 반겨 놀았도다

어언간에 여름 가고 가을바람 솔솔 불어

아름다운 꽃송이를 모질게도 침노하니

낙화로다 늙어졌다 네 모양이 처량하다

얼굴

1.

동그라미 그리려다 무심코 그린 얼굴
내 마음 따라 피어나던 하얀 그때 꿈을
풀잎에 연 이슬처럼 빛나던 눈동자
동그랗게 동그랗게 맴돌다 가는 얼굴

2.

동그라미 그리려다 무심코 그린 얼굴
무지개 따라 올라갔던 오색빛 하늘 나래
구름 속에 나비처럼 나르던 지난 날
동그랗게 동그랗게 맴돌다 가는 얼굴

얼굴

☐☐☐☐ 그리려다 무심코 그린 얼굴

내 ☐☐ 따라 피어나던 하얀 그때 ☐을

☐☐에 연 이슬처럼 빛나던 ☐☐☐

동그랗게 동그랗게 맴돌다 가는 ☐☐

동그라미 그리려다 무심코 그린 ☐☐

☐☐☐ 따라 올라갔던 ☐☐☐ 하늘 나래

구름 속에 ☐☐ 처럼 나르던 지난 날

동그랗게 동그랗게 맴돌다 가는 ☐☐

잘 보고 한 글자 한 글자 따라써봅니다.

동그라미 그리려다 무심코 그린 얼굴

내 마음 따라 피어나던 하얀 그때 꿈을

풀잎에 연 이슬처럼 빛나던 눈동자

동그랗게 동그랗게 맴돌다 가는 얼굴

동그라미 그리려다 무심코 그린 얼굴

무지개 따라 올라갔던 오색빛 하늘 나래

구름 속에 나비처럼 나르던 지난 날

동그랗게 동그랗게 맴돌다 가는 얼굴

잘 보고 한 글자 한 글자 따라써봅니다.

꽃동네 새동네

뜰 아래 반짝이는 햇살같이
창가에 속삭이는 별빛같이
반짝이는 마음들이 모여삽니다
오손도손 속삭이며 살아갑니다
비바람이 불어도 꽃이 피듯이
어려움 속에서도 꿈은 있지요
웃음이 피어나는 새동네 꽃동네
행복이 번져가는 꽃동네 새동네

꽃동네 새동네

□ 아래 반짝이는 □□ 같이

□□ 에 속삭이는 □□ 같이

반짝이는 □□ 들이 모여삽니다

□□□ 속삭이며 살아갑니다

□□□ 이 불어도 꽃이 피듯이

어려움 속에서도 □ 은 있지요

웃음이 피어나는 새동네 □□□

□□ 이 번져가는 □□□ 새동네

잘 보고 한 글자 한 글자 따라써봅니다.

뜰 아래 반짝이는 햇살같이

창가에 속삭이는 별빛같이

반짝이는 마음들이 모여삽니다

오손도손 속삭이며 살아갑니다

비바람이 불어도 꽃이 피듯이

어려움 속에서도 꿈은 있지요

웃음이 피어나는 새동네 꽃동네

행복이 번져가는 꽃동네 새동네

잘 보고 한 글자 한 글자 따라써봅니다.

퐁당퐁당

1.

퐁당퐁당 돌을 던지자 누나 몰래 돌을 던지자
냇물아 퍼져라 널리 널리 퍼져라
건너편에 앉아서 나물을 씻는
우리 누나 손등을 간질여 주어라

2.

퐁당퐁당 돌을 던지자 누나 몰래 돌을 던지자
냇물아 퍼져라 퍼질 대로 퍼져라
고운 노래 한 마디 들려 달라고
우리 누나 손등을 간질여 주어라

풍당풍당

풍당풍당 ☐을 던지자 누나 몰래 ☐을 던지자

☐☐아 퍼져라 널리 널리 퍼져라

건너편에 앉아서 ☐☐을 씻는

우리 누나 ☐☐을 간질여 주어라

풍당풍당 ☐을 던지자 누나 몰래 ☐을 던지자

☐☐아 퍼져라 퍼질 대로 퍼져라

고운 ☐☐ 한 마디 들려 달라고

우리 누나 ☐☐을 간질여 주어라

잘 보고 한 글자 한 글자 따라써봅니다.

풍당풍당 돌을 던지자 누나 몰래 돌을 던지자

냇물아 퍼져라 널리 널리 퍼져라

건너편에 앉아서 나물을 씻는

우리 누나 손등을 간질여 주어라

풍당풍당 돌을 던지자 누나 몰래 돌을 던지자

냇물아 퍼져라 펴질 대로 퍼져라

고운 노래 한 마디 들려 달라고

우리 누나 손등을 간질여 주어라

시냇물

시냇물에 발을 담그면
시원하고 참 좋아요
맑고 깨끗한 시냇물에는
고기도 정말로 많아요

졸졸졸졸 흐르고 있는
시냇물 따라 걸어요
계곡을 따라 흘러내리는
시냇물 구경을 해봐요

시냇물

시냇물

☐☐☐에 발을 담그면

시원하고 ☐ 좋아요

맑고 깨끗한 ☐☐☐에는

☐☐도 정말로 많아요

☐☐☐☐ 흐르고 있는

☐☐☐ 따라 걸어요

☐☐을 따라 흘러내리는

시냇물 ☐☐을 해봐요

잘 보고 한 글자 한 글자 따라써봅니다.

시냇물에 발을 담그면

시원하고 참 좋아요

맑고 깨끗한 시냇물에는

고기도 정말로 많아요

졸졸졸졸 흐르고 있는

시냇물 따라 걸어요

계곡을 따라 흘러내리는

시냇물 구경을 해봐요

햇볕은 쨍쨍

1.

햇볕은 쨍쨍 모래알은 반짝

모래알로 떡해 놓고 조약돌로 소반 지어

언니 누나 모셔다가 맛있게도 냠냠

2.

햇볕은 쨍쨍 모래알은 반짝

호미들고 괭이 메고 뻗어가는 메를 캐어

엄마 아빠 모셔다가 맛있게도 냠냠

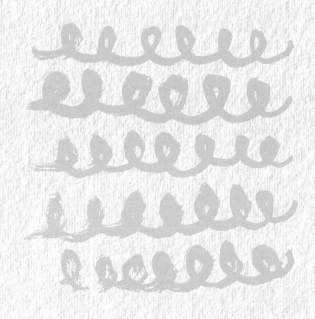

햇볕은 쨍쨍

햇볕은 쨍쨍 ☐☐☐은 반짝

모래알로 떡해 놓고 ☐☐☐로 소반 지어

☐☐☐☐ 모셔다가 맛있게도 냠냠

햇볕은 쨍쨍 ☐☐☐은 반짝

☐☐ 들고 ☐☐ 메고 뻗어가는 메를 캐어

☐☐☐☐ 모셔다가 맛있게도 냠냠

잘 보고 한 글자 한 글자 따라써봅니다.

햇볕은 쨍쨍 모래알은 반짝

모래알로 떡해 놓고 조약돌로 소반 지어

언니 누나 모셔다가 맛있게도 냠냠

햇볕은 쨍쨍 모래알은 반짝

호미들고 괭이 메고 뻗어가는 메를 캐어

엄마 아빠 모셔다가 맛있게도 냠냠

꼬마눈사람

1.

한겨울에 밀짚모자 꼬마 눈사람
눈썹이 우습구나 코도 삐뚤고
거울을 보여줄까 꼬마 눈사람

2.

하루종일 우두커니 꼬마 눈사람
무엇을 생각하고 혼자 섰느냐
집으로 들어갈까 꼬마 눈사람

꼬마눈사람

한겨울에 밀짚모자 꼬마 □□□

□□이 우습구나 □도 삐뚤고

□□을 보여줄까 □□ 눈사람

□□□□ 우두커니 꼬마 눈사람

무엇을 생각하고 □□ 섰느냐

□으로 들어갈까 □□ 눈사람

잘 보고 한 글자 한 글자 따라써봅니다.

한겨울에 밀짚모자 꼬마 눈사람

눈썹이 우습구나 코도 삐뚤고

거울을 보여줄까 꼬마 눈사람

하루종일 우두커니 꼬마 눈사람

무엇을 생각하고 혼자 섰느냐

집으로 들어갈까 꼬마 눈사람

잘 보고 한 글자 한 글자 따라써봅니다.